Edmond Pellissier de Reynaud

Le Droit maritime selon le Congrès de Paris

Droit

 Le code de la propriété intellectuelle du 1er juillet 1992 interdit en effet expressément la photocopie à usage collectif sans autorisation des ayants droit. Or, cette pratique s'est généralisée dans les établissements d'enseignement supérieur, provoquant une baisse brutale des achats de livres et de revues, au point que la possibilité même pour les auteurs de créer des œuvres nouvelles et de les faire éditer correctement est aujourd'hui menacée. En application de la loi du 11 mars 1957, il est interdit de reproduire intégralement ou partiellement le présent ouvrage, sur quelque support que ce soit, sans autorisation de l'Éditeur ou du Centre Français d'Exploitation du Droit de Copie, 20, rue Grands Augustins, 75006 Paris.

ISBN : 978-1726427166

10 9 8 7 6 5 4 3 2 1

Edmond Pellissier de Reynaud

Le Droit maritime selon le Congrès de Paris

Droit

Table de Matières

Le Droit maritime selon le Congrès de Paris   7

Notes   26

Le Droit maritime selon le Congrès de Paris

Lorsque des intérêts ou des ressentiments collectifs ont fait éclater la guerre entre plusieurs puissances, que d'autres se sont rattachées plus ou moins directement à la lutte, il arrive souvent que les grandes réunions diplomatiques appelées à rétablir la paix ne se bornent pas à en régler les conditions ; reconnaissant leur impuissance à prévenir sans retour les sanglantes collisions qui sont dans les destinées sociales de l'homme, elles s'appliquent à resserrer, au moins autant qu'il est possible, le cercle des misères que l'état de guerre entraîne toujours à sa suite. À cet effet, elles cherchent à faire passer du domaine du droit naturel dans celui du droit positif certains grands principes d'humanité et de civilisation qui deviennent dès-lors un frein salutaire imposé aux passions et aux ressentiments nationaux. C'est fidèle à cette noble tradition que le congrès de Paris, par sa déclaration du 16 avril 1856, a introduit de notables modifications dans le droit maritime international, modifications qui, des puissances qui les ont proclamées et reconnues comme faisant désormais entre elles partie de ce droit, ne peuvent manquer de s'étendre à toutes les autres par voie d'adhésion, tant elles répondent aux idées et aux besoins de notre époque. Aussi cette déclaration sera-t-elle considérée à juste titre comme l'œuvre capitale du congrès de Paris, lorsque le temps aura diminué l'importance des intérêts transitoires que la conférence avait avant tout mission de régler.

Parmi les cabinets appelés à donner leur adhésion à la déclaration du 16 avril 1856, il en est un qui prit, il y a plus de soixante-dix ans, dans une transaction particulière, il est vrai, l'initiative sur la question qui fait l'objet de l'article le plus saillant de cet acte, l'abolition de la course. Le 10 septembre 1785, les États-Unis d'Amérique, puissance bien jeune à cette époque et encore placée sous l'empire des généreux principes qui présidèrent à sa naissance, signèrent avec la Prusse un traité d'amitié et de commerce remarquable par les théories vraiment philanthropiques sur lesquelles il s'appuyait. Les droits des neutres y étaient proclamés de la manière la plus nette et la plus large ; non-seulement il y était reconnu que le pavillon couvre la marchandise, mais on y interdisait la saisie sur les neutres de ce qu'on appelle la *contrebande de guerre*, et on accordait seulement au belligérant la faculté soit de s'approprier cette contrebande, à la condition de la payer au prix courant des marchandises de même nature, soit de retenir, moyennant une juste indemnité, le navire qui en serait chargé le temps nécessaire pour que l'ennemi ne pût pas en tirer avantage. Enfin, chose bien plus digne d'attention, ce traité établissait que dans le cas, peu présumable, il est vrai, où les parties contractantes viendraient à se faire la guerre, les navires de commerce seraient mutuellement respectés, et que la *course* ne serait jamais autorisée.

Le traité de 1785, qui n'était que d'une durée limitée, fut renouvelé le 11 juillet 1799. On en supprima les dispositions relatives à l'hypothèse de guerre entre les parties, mais toutes les clauses favorables aux neutres furent maintenues. Il y fut dit de plus que « ces principes n'ayant pas été suffisamment respectés dans les deux dernières guerres, surtout dans la guerre actuelle, les deux parties contractantes se proposaient, au retour de la paix générale, de concerter soit entre elles en particulier, soit d'accord avec d'autres puissances qui y seraient également intéressées, des arrangements tels avec les grands états maritimes de l'Europe que des principes durables pussent servir à consolider la liberté et la sûreté de la navigation et du commerce dans les guerres à venir. »

En 1828 eut lieu un second renouvellement du traité. Quoique cet acte soit moins explicite que les deux autres, par suite des nombreuses suppressions qui furent faites aux premiers textes, il y est dit que « les parties contractantes, désirant toujours pourvoir entre elles, ou conjointement avec d'autres puissances maritimes, à des stipulations ultérieures qui puissent servir à garantir une juste protection et la liberté au commerce et à la navigation des neutres, et à aider la cause de la civilisation et de l'humanité, s'engagent *ici comme alors* (cet *alors* se rapporte à la déclaration de 1799) à se concerter à ce sujet à quelque époque future et *convenable*. »

L'époque prévue dans l'acte de 1828 est venue. Quelle circonstance en effet pourrait être plus favorable et plus *convenable* pour aider la cause de la *civilisation* et de l'*humanité* que celle qui est offerte à l'Union américaine par la déclaration du congrès de Paris du 16 avril 1856 ? Eh bien ! elle s'y rallie sans doute ? A cela on peut répondre oui et non. Elle ne refuse pas péremptoirement d'y accéder ; mais elle répond à l'invitation qui lui en a été faite par une

Le Droit maritime selon le Congrès de Paris

contre-proposition, à laquelle elle subordonne son acceptation. Nous devons ajouter qu'elle le fait avec des manières absolues et une raideur de parti-pris dont elle aurait pu d'autant plus aisément se dispenser qu'aux débuts de la guerre qui vient de finir, elle avait elle-même proclamé de nouveau l'opportunité d'une réforme.

Une grave question se pose ainsi devant les nations, et peut-être n'est-il pas sans à-propos aujourd'hui de montrer comment le droit maritime a été compris et pratiqué jusqu'à l'ère nouvelle ouverte par la déclaration du 16 avril 1856. L'histoire de ce droit est la meilleure défense qu'on puisse présenter de l'œuvre du congrès de Paris.

La déclaration du 16 avril 1856 a pour objet d'abolir la course et d'établir en général le droit maritime sur ces bases justes et libérales que la première puissance maritime du monde a méconnues trop longtemps, mais qu'elle adopte enfin avec un éclat et une plénitude de conviction qui doivent faire oublier le passé [1]. La course était la sœur de la piraterie : il n'y avait entre elles d'autre différence que celle de leurs actes de naissance, la première étant légitime, ou au moins reconnue, et l'autre ne l'étant pas. Du reste, le degré de moralité était, à peu de chose près, le même dans l'une et dans l'autre. Il s'agissait toujours en effet de la prise du bien d'autrui au profit de particuliers, avec accompagnement souvent obligé de meurtre et d'incendie.

Faire du mal à l'ennemi en tournant ce mal à son propre avantage est un droit que donne l'état de guerre ; mais à mesure que les sociétés humaines se sont perfectionnées, ce droit s'est modifié et restreint. D'abord l'exercice même de la guerre fut soumis à certaines règles qui, en lui ôtant ce qu'il avait de trop personnel pour chaque individu, en fit l'affaire de cette grande abstraction qu'on appelle l'état. Puis on fixa des bornes à la nature des hostilités : certaines choses restèrent permises, d'autres furent réprouvées. D'ailleurs l'intérêt des parties belligérantes fut dans tout cela consulté autant que là morale, car, soumises toutes aux caprices de la fortune, elles durent, en s'abstenant de faire tout le mal qu'il était en leur pouvoir de commettre, chercher à diminuer celui que d'autres pouvaient leur causer. Elles trouvèrent en outre des avantages directs à ne pas toujours user du plus terrible des droits que leur donnait la guerre, le droit de destruction, car il est évident qu'il est plus profitable de s'approprier que de détruire. Au lieu de tuer et de brûler, on s'habitua donc, après la victoire, à s'approprier et les choses et les personnes. De là naquit l'esclavage, mais ici il est permis de se demander si le palliatif ne fut pas pire que le mal, l'esclavage ayant été non-seulement une dégradation pour l'humanité, mais encore une excitation à la guerre par cet appât de butin vivant offert aux cupidités de certaines races de proie.

Quoi qu'il en soit, ce droit de réduire en servitude les prisonniers de guerre fut effacé du code des nations, chez les peuples de l'Europe devenue chrétienne, par des causes où la religion eut bien quelque part, mais moins qu'on est assez généralement disposé à le croire. La guerre prit dès ce moment un caractère autre que celui qu'elle avait eu chez les anciens, et l'esprit chevaleresque remplaça cet antique héroïsme dont les manifestations, souvent terribles, nous font croire, bien à tort, que nous ne valons pas sous ce rapport les hommes du paganisme. Lorsque nous nous représentons ces nommes se laissant écraser sous les ruines de leurs demeures embrasées, après avoir égorgé leurs femmes et leurs enfants, plutôt que de se rendre au vainqueur, il nous semble que les anciens aimaient plus que nous la patrie, à qui ils faisaient ces sanglants et sauvages sacrifices. En réalité, c'est que la patrie était pour eux bien plus qu'elle n'est pour nous. La patrie, c'était la liberté non-seulement politique, mais civile, c'était la propriété du foyer, c'était l'autorité paternelle, la sauve-garde de l'honneur et de la pureté des femmes et des filles, car on perdait souvent tout cela en tombant entre les mains de l'ennemi. Dans les sociétés modernes au contraire, le changement de domination ne modifie pas la position civile de l'individu. Il n'est donc pas surprenant qu'on éprouve moins de répugnance à s'y soumettre.

Quoique la guerre s'exerçât chez les anciens avec plus de rigueur -que chez les modernes, les grands principes du droit des gens ne leur étaient pas inconnus. Ils savaient les définir et les expliquer, même aux époques les plus reculées. On peut invoquer à ce sujet le témoignage d'Homère, le grand peintre de tant de faits, de tant de choses et de tant de mœurs. Plus tard le divin Platon, dans le cinquième livre de sa *République*, posa d'une manière fort nette les bases de ce même droit des gens dont les modernes ont fait une science. À Rome, il était connu et pratiqué avec un louable scrupule dans les beaux temps de la république. Cicéron, dans le premier livre du *De Officiis*, où il en explique les règles, fait ressortir le grand et fécond changement que les Romains introduisirent dans les conséquences de la conquête, en substituant, dans bien des circonstances, l'annexion à l'assujettissement. Il rappelle leur vieux droit fécial, qui ne reconnaît de guerre juste que celle qui est précédée de demandes en réparation et régulièrement déclarée.

Les Arabes, ces rapides et brillants conquérants qui auraient peut-être subjugué le monde, s'ils n'étaient pas venus se heurter contre la puissance des Francs, marchaient à la victoire sous l'ombre d'une véritable déclaration de droit des gens, la proclamation du calife Omar, si souvent citée. Dans le moyen âge, le clergé parmi nous fit de généreux efforts pour faire respecter les principes de ce droit par la foule de petits souverains batailleurs qui se partageaient alors le sol de l'Europe sous les titres de duc, comte, margrave, et ne laissaient à l'autorité centrale qu'un pouvoir nominal et contrarié. L'institution de la chevalerie, secondant les efforts du clergé, les rendit souvent fructueux. Enfin, l'anarchie féodale ayant fait place à un système plus régulier, si ce n'est toujours meilleur, le droit des gens reçut des garanties qu'il n'avait pu avoir jusque-là. Un de ses plus importants triomphes fut la distinction que l'on établit entre la propriété de l'état avec lequel on était en guerre et celle des particuliers. Longtemps tout ce qui appartenait à un membre quelconque de la nation ennemie fut considéré comme de bonne prise partout où l'on pouvait s'en emparer. Le système des représailles s'étendait à tout et sur tous, et souvent des voyageurs parfaitement inoffensifs étaient dépouillés par suite de quelque querelle survenue depuis leur départ de leur patrie, et à laquelle ils étaient complètement étrangers. On conçoit quel dommage et quelles entraves un pareil régime apportait au commerce. Aussi ce fut un petit état commerçant, la ville de Marseille, véritable république indépendante au moyen âge, qui introduisit dans cette matière importante les premières améliorations relatives à la propriété privée [2], que peu à peu on s'habitua à respecter partout sur terre, sauf les désordres inséparables de la guerre. Des contributions méthodiques, levées sur la masse de la population selon les besoins de l'armée victorieuse, remplacèrent, à l'avantage de tous, le pillage et la dévastation. Les rigueurs des anciennes barbaries ne s'exercèrent plus, légalement du moins, que sur les villes prises d'assaut, et de nos jours ces rigueurs, quoiqu'encore autorisées par le droit de la guerre, ne sont que rarement pratiquées. On peut donc établir que le droit des gens moderne considère sur terre la propriété privée comme inviolable, de même qu'il n'applique qu'aux combattants l'action du glaive et la captivité temporaire, qui n'a plus rien de commun avec la réduction en servitude.

Cependant, par une anomalie qui peut paraître choquante et sauvage, ce respect pour les choses et les personnes privées ne les protégeait pas en mer. Là, la propriété privée était de bonne prise, et de pacifiques passagers, sans armes et sans intentions hostiles, pouvaient être faits prisonniers non-seulement par la marine militaire des parties belligérantes, mais encore par ces pirates patentés que l'on appelle corsaires. C'est à ce dernier abus que, sur l'initiative du premier plénipotentiaire de la France, le congrès de Paris a mis fin par ce premier article de la déclaration du 16 avril : « La course est et demeure abolie. »

Le brigandage dénier ou la piraterie paraît avoir été aussi ancien chez les Grecs que celui de terre a été chez les Arabes. Chacun de ces deux peuplés a poétisé le sien, jet parmi les héros classiques figuré plus d'un chef de forbans. L'idée de faire de ces pirates des auxiliaires utiles dans les guerres régulières, c'est-à-dire de les convertir en ce que nous appelons corsaires, n'est pas moderne. On voit par un assez curieux passage de Démosthène, dans le fameux discours de la *Couronne*, que les Athéniens en employèrent dans leurs guerres contre Philippe. Les modernes non-seulement les ont lancés contre des ennemis déclarés, mais jusque dans le XVIIe siècle on trouve des exemples de lettres de marque données en pleine paix, pour exercer des représailles propres à établir la compensation de certains griefs dont on n'avait pas pu obtenir la réparation par la voie des négociations, et que l'on ne trouvait cependant pas assez gravés pour motiver une déclaration de guerre ouverte. Ces lettres de marque étaient le titre légal de l'armateur, celui qui établissait sa position auprès de son gouvernement, et qui préservait les corsaires d'être traités en pirates par l'ennemi, s'ils venaient à tomber entre ses mains.

Les captures maritimes devaient singulièrement se multiplier sous l'empire de pareils principes. Aussi la manière dont doit être exercée la saisie de la propriété ennemie avait soulevé plusieurs questions importantes et célèbres dans l'histoire de la diplomatie, celle-ci d'abord : — Un navire ennemi peut-il être légalement capturé partout où on le trouve ? Non, sans doute, car il est évident qu'il ne peut l'être dans des eaux soumises à la domination d'une puissance neutre ; mais jusqu'où s'étend cette domination ? Cette seconde question fut le *texte* d'une controverse célèbre où figurent en première ligne les noms de Grotius et de Selden. Le premier, dans un petit livre portant pour titre *Mare liberum*, soutint que la mer, commune à toutes les nations, n'était pas susceptible d'appropriation particulière ; le second, dans un ouvrage subtil, mais très pédantesque, intitulé *Mare clausum*, chercha à faire prévaloir le principe contraire au profit de l'Angleterre, à laquelle, en digne Breton, il attribuait généreusement la domination des mers qui baignent ses côtes jusqu'aux rivages opposés [3]. Des prétentions analogues ou peu différentes furent mises en avant par les Génois pour la mer de Ligurie, par les Vénitiens pour la mer Adriatique, que, comme on sait, le doge épousait tous les ans en grande cérémonie, — par les Espagnols pour les mers de l'Amérique du Sud et du Mexique, et enfin par les Portugais pour celles des Indes. Ce fut même contre ces derniers que fut écrit le *Mare liberum* de Grotius. De nos jours, ces énormités ne sont plus soutenues par personne. Chacun convient que la haute mer est un domaine commun ouvert à toutes les nations, et que les états riverains n'ont droit de souveraineté que sur la zone resserrée qui borde leurs côtes. Quelques publicistes ont voulu déterminer d'une manière précise la largeur de cette zone : Barthole l'étend à 100 milles, et Bodin à 60 ; mais ce ne sont là que des opinions de théoriciens. La raison et la pratique n'admettent pas que la souveraineté sur les eaux puisse s'étendre au-delà de la portée de la défense matérielle et permanente du littoral. Sans doute des conventions particulières peuvent interdire au belligérants tout acte de guerre dans des limites plus éloignées des côtes des neutres [4] ; mais on ne serait pas plus fondé à en exciper le droit de souveraineté en-deçà de ces limites que ne l'étaient Selden et ceux de son école à tirer de certains traités, par lesquels des états ont été forcés de renoncer à naviguer dans des parages déterminés, des arguments en faveur de leurs idées touchant l'appropriation de la haute mer.

De ce que la souveraineté des riverains s'étend sur toute la zone de défense, il s'ensuit que des états peuvent être maîtres et possesseurs de certains passages étroits, quelque besoin qu'en ait d'ailleurs la navigation commune des peuples, C'est ainsi que le sultan est souverain incontestable du Bosphore et des Dardanelles, et le Danemark maître du Sund ; mais comme ces passages conduisent à des mers intérieures, la Baltique et le Pont-Euxin, où tous les peuples ont le droit naturel de commercer, la propriété de ces détroits est grevée d'une servitude semblable à celle que supporte un champ enclavant à l'égard du champ enclavé, c'est-à-dire celle du droit de passage. Il est bien entendu néanmoins que ce droit ne doit nuire en rien à la puissance riveraine, laquelle reste autorisée à prendre toutes les précautions que réclame sa sûreté. C'est à ce titre que la Turquie a le droit de fermer ses détroits aux navires de guerre, et que le Danemark pourrait légalement en faire autant pour le Sund [5].

Nous voilà donc fixés sur les portions de mer où les parties belligérantes ne peuvent se combattre sans violer les droits des neutres. En dehors des étroites limites qui viennent d'être indiquées, tout navire ennemi est de bonne prise. Les navires toutefois ne sont pas les seules propriétés ennemies que l'on puisse trouver en mer : il y a encore le chargement. Or ici se présentent trois cas : ou le navire et la marchandise sont également ennemis, et alors point de difficulté, l'un et l'autre sont de bonne prise, ou le navire est ennemi et la marchandise neutre, ou enfin le navire est neutre, et la marchandise ennemie. C'est sur ces deux derniers cas que le droit maritime a varié jusqu'à la déclaration du 16 avril 1856.

D'après le *Consulat de la Mer des Catalans*, compilation des lois et usages qui, dans le moyen âge, réglaient la matière, la marchandise neutre restait neutre dans toute position, et la marchandise ennemie restait ennemie également dans toute position. Ainsi le pavillon neutre ne couvrait pas la marchandise ennemie, mais en revanche la marchandise neutre ne pouvait pas être saisie, quoique sous pavillon ennemi [6]. La première modification à cette règle se trouve dans un traité de 1417, entre Henri V, roi d'Angleterre, et Jean sans Peur, duc de Bourgogne : il stipule que la marchandise neutre sera de bonne prise sous un pavillon ennemi. En 1543, une ordonnance de François Ier, allant beaucoup plus loin, régla que la présence de marchandises ennemies abord d'un navire neutre entraînerait la confiscation de la marchandise neutre qui pourrait aussi s'y trouver, et même celle du navire. Ces dispositions sauvages se retrouvent dans l'édit sur la marine de 1584. Ce fut la Hollande qui la première introduisit le principe d'après lequel le pavillon couvre la marchandise. On conçoit de quelle importance était ce principe pour des gens qui étaient alors les facteurs du commerce de l'Europe : il fut d'abord admis entre la Hollande et la France par le traité du 18 avril 1646, mais pour quatre ans seulement, puis alternativement repoussé ou admis de nouveau, toujours à court terme, jusqu'au traité d'Utrecht, depuis lequel il fut toujours maintenu dans nos rapports avec les provinces néerlandaises. Dès 1650, ces provinces l'avaient d'ailleurs fait admettre par l'Espagne dans un traité qui établissait (art. 13) que la marchandise hollandaise serait de bonne prise sur les vaisseaux ennemis de l'Espagne, et qu'en revanche (art. 14) les marchandises des ennemis de l'Espagne ne seraient pas saisissables sur les navires néerlandais. On voit que ces dispositions étaient juste le contrepied de celles du *Consulat de la Mer*. Ainsi que le fait très bien observer Schœll, elles étaient doublement avantageuses à la marine hollandaise, à qui elles assuraient les chargements des ennemis de l'Espagne, en détournant les citoyens néerlandais de la pensée de charger sur d'autres navires que les siens

L'Angleterre, qui dans plusieurs traités du XVe siècle avait adopté le principe contraire à la liberté du pavillon neutre, admit cette liberté dans le XVIIe par les traités de 1642 et 1654 avec le Portugal, de 1655 et 1677 avec la France, de 1667 et 1670 avec l'Espagne, de 1667 et 1674 avec la Hollande.

Par le traité de 1677, il avait été établi bien positivement que le pavillon couvrait la marchandise entre la France et l'Angleterre ; mais la France entendait si peu alors donner à ce principe un caractère général, que c'est le contraire qui fut posé comme règle dans la fameuse ordonnance de 1681, rendue au temps de la plus grande puissance de Louis XIV et dans tout l'épanouissement de son orgueil. Dans la guerre de la succession d'Espagne, le gouvernement de ce monarque alla encore au-delà de l'ordonnance de 1681 : il adopta pour maxime que la marchandise doit être considérée comme ennemie, non-seulement par la qualité du propriétaire, mais aussi par l'origine de la propriété. Le traité ou plutôt les traités d'Utrecht consacrèrent de nouveau la liberté du pavillon neutre entre la France d'un côté et la Grande-Bretagne et la Hollande de l'autre ; mais la France était si loin de vouloir, comme aujourd'hui, en faire la base du droit maritime international, que, dès l'année 1716, elle passa avec les villes anséatiques un traité où elle maintenait en grande partie les principes du XVIe siècle ; c'est ce qui fût encore démontré par le règlement de 1744 [7] et par le traité de 1769 avec la ville de Hambourg, qui rejetaient l'un et l'autre la maxime que le pavillon couvre la marchandise [8].

Ce ne fut que pendant la guerre de l'indépendance de l'Amérique que la France adopta enfin le principe de la liberté du pavillon neutre, non plus comme concession faite à titre particulier, mais comme base du droit maritime, d'abord indirectement par le règlement du 26 juillet 1778, puis formellement et directement par son adhésion à la célèbre déclaration de la Russie de 1780, base de la neutralité armée du Nord ; mais à cette époque l'Angleterre avait adopté d'autres maximes. Dans le courant de la guerre qui se termina par le traité d'Aix-la-Chapelle en, 1748, cette puissance avait déjà usé assez durement envers les neutres de sa supériorité maritime ; elle dépassa toutes les bornes dans celle de 1756. La France, connaissant son infériorité sur mer, avait ouvert aux étrangers le commerce de ses colonies, dont elle sentait qu'elle ne pouvait exercer le monopole ; mais l'Angleterre, prétendant qu'un état n'a pas le droit, à l'occasion d'une guerre, de changer son régime commercial pour se soustraire par ce moyen à certaines chances désavantageuses, fit saisir sur les bâtiments neutres les denrées provenant de nos colonies. Dans la guerre d'Amérique, ou elle avait contre elle la France et l'Espagne, bien que sa suprématie maritime eût reçu plus d'une atteinte, elle se rendit fort incommode par ses exigences aux états du Nord, et chercha seulement à ménager un peu la Russie. Or il arriva que, par une de ces complications qui trompent tous les calculs, ce fut précisément de cette cour qu'elle ménageait que lui vint le désagrément diplomatique le plus sensible qu'elle pût éprouver. Elle avait envoyé à Catherine II le chevalier Harris, depuis lord Malmesbury, pour tâcher d'attirer à son alliance la Russie, dont elle aurait consenti à appuyer les vues sur l'Orient. M. Harris, n'ayant pas trouvé le comte de Panin, ministre de la tsarine, bien disposé pour son système, s'adressa à Potemkin, favori émérite de Catherine, qui fut sur le point d'en assurer le triomphe auprès de cette princesse. Le comte de Panin cependant renversa toute cette intrigue à l'occasion d'un fait qui semblait au contraire devoir en assurer la réussite : des navires russes avaient été saisis assez irrégulièrement par les Espagnols, et la tsarine en était fort irritée ; Panin en profita pour lui faire entendre qu'il serait digne d'elle et glorieux pour la Russie de proclamer et d'imposer pour jamais aux belligérants, quels qu'ils fussent, un système maritime qui consacrât définitivement les droits des neutres. De là la fameuse déclaration du 28 février 1780, dont les effets frappaient directement sur l'Angleterre, contrairement à la pensée primitive de Catherine, qui n'en recueillit pas moins toute la gloire d'un acte estimé avec raison le plus honorable de son règne, mais dont Panin avait seul apprécié la portée. C'est ce qui fit dire un jour à l'impératrice Marie-Thérèse, parlant de Catherine au baron de Breteuil : « Il n'y a pas jusqu'à ses vues les plus mal combinées qui ne tournent à son profit et à sa gloire, car vous savez sans doute que la déclaration qu'elle vient de faire pour sa neutralité maritime avait d'abord été arrêtée dans des termes et dans des vues absolument favorables à l'Angleterre. »

Bien que la déclaration de la Russie eût été fort pénible au cabinet de Londres, celui-ci y répondit avec modération, et, sans prendre d'engagements généraux, il protesta de sa ferme intention de respecter le pavillon et le commerce russes. La France et à peu près toutes les puissances continentales y adhérèrent complètement, de sorte que l'on put dès-lors considérer cet acte comme la base fondamentale d'un nouveau droit international plus libéral et plus humain que l'ancien. La déclaration du 28 février 1780 laissait cependant encore plus d'un point indécis : elle consacrait bien la maxime que le pavillon neutre couvre la marchandise ennemie, mais elle ne disait pas que la marchandise neutre ne serait pas saisie avec le navire ennemi sur lequel elle serait chargée ; cette seconde maxime, au contraire, est formellement reconnue par l'acte du 16 avril 1856, « Le pavillon neutre, y lisons-nous, articles 2 et 3, couvre la marchandise ennemie à l'exception de la contrebande de guerre. La marchandise neutre, à l'exception de la contrebande de guerre, n'est pas saisissable sous pavillon ennemi. » On entend par contrebande de guerre les armes et les munitions propres à la guerre, et, selon les traités particuliers et les opinions des écrivains spéciaux, la nomenclature des objets signalés comme propres à la guerre est restreinte ou étendue. Il semble qu'on ne doive considérer comme tels que les armes et les engins confectionnés, la poudre et les projectiles : c'est l'opinion de M. de Rayneval dans son excellent ouvrage sur *la liberté des mers*. Valin et Vattel ne pensent pas de même, car ils veulent que l'on regarde comme contrebande de guerre les munitions navales. Or, en poussant jusqu'à leurs dernières conséquences les raisonnements que l'on peut faire pour autoriser la saisie des matières propres à la construction des vaisseaux, propres eux-mêmes à la guerre, il n'est rien qu'on ne pût saisir : le blé par exemple, parce qu'on en fait du pain pour les soldats ; le drap, parce qu'on leur en fait des habits ; le cuir, parce qu'on leur en fait des souliers, et même le papier, parce qu'on en fait des cartouches. La déclaration de la Russie s'en référait, quant à la fixation des objets de contrebande, à l'énoncé qui se trouve dans son traité de commerce avec la Grande-Bretagne du 20 juin 1766, où ne figurent pas les munitions navales [9] ; enfin elle établissait pour les blocus la même doctrine que le quatrième et dernier article de la déclaration du 16 avril 1856, article dont voici la teneur : « Les blocus, pour être obligatoires, doivent être effectifs, c'est-à-dire maintenus par une force suffisante pour interdire réellement l'accès du littoral à l'ennemi. »

Ce fut dans la guerre de 1756 que l'Angleterre enfanta la monstrueuse doctrine du blocus fictif, c'est-à-dire du blocus que les neutres seraient tenus de respecter, quoique n'existant que sur le papier. On voit que la Russie fit en 1780 bonne justice de cette prétention, renouvelée dans la guerre d'Amérique et remise depuis en avant dans la guerre contre la France républicaine, que l'Angleterre semblait vouloir mettre au ban des nations.

Nous voici arrivés aux guerres et à la diplomatie de la révolution. Dans cette période de confusion, la France, provoquée par des excès inouïs, fut réduite à chercher à se défendre par les mêmes armes que l'on employait contre elle. Il résulta de cette lutte des énormités qui plongèrent le droit maritime dans une barbarie pire que tout ce que l'on avait vu jusqu'alors. Les Anglais ayant empêché plusieurs navires neutres chargés de grains à destination de France d'entrer dans nos ports, le gouvernement républicain riposta par la loi du 9 mai 1793, qui autorisa les bâtiments de guerre et les corsaires français à arrêter et à conduire en France les navires neutres chargés soit de comestibles à destination ennemie, soit de marchandises ennemies. Les dernières devaient être confisquées, et les comestibles payés sur le pied de leur valeur, y compris le fret. Le cabinet anglais riposta par l'ordre de conduire dans les îles britanniques les neutres qui se trouveraient dans ce même cas à l'égard de la France ; mais ce qui établit une immense différence morale entre la conduite de l'Angleterre et les représailles de la France, c'est que la première présentait ses actes comme parfaitement légitimes contre une nation qui, selon elle, ne méritait aucun ménagement, et que l'on devait affamer si l'on pouvait [10], tandis que le gouvernement français ne donnait les siens que pour ce qu'ils étaient, c'est-à-dire pour des représailles. En effet, il existe un arrêté du 14 messidor an IV (2 juillet 1796) qui notifie aux neutres que le pavillon de la république en usera envers eux comme ils souffriront que l'Angleterre en use à leur égard. Malheureusement pour nous, l'avantage dans cette lutte n'était pas de notre côté, tant à cause de l'infériorité de notre matériel maritime que par les fâcheuses conséquences de l'émigration, qui nous avaient fait perdre nos meilleurs officiers de mer. On crut alors en France qu'on pourrait faire indirectement à l'Angleterre, en proscrivant l'introduction et la vente de ses marchandises, le mal que nous étions impuissants à lui faire directement. Cette proscription fut prononcée par la loi du 10 brumaire an IV (31 octobre 1796), point de départ de ce fameux blocus continental qui reçut plus tard une si colossale et si fâcheuse extension. Cette première loi eut pour corollaire celle du 29 nivôse an VI (18 janvier 1798), qui régla l'état des navires d'après l'origine de la cargaison. En conséquence, tout navire chargé en tout ou en partie de marchandises anglaises fut de bonne prise. C'était revenir aux maximes brutales de Louis XIV.

Toutes ces violences réciproques étaient fort déplaisantes pour les neutres ; mais ce fut l'Angleterre qui, disposant de plus de moyens d'action que nous, mit surtout leur patience à l'épreuve. Le droit d'arrêter la contrebande et celui de saisir la marchandise ennemie sur les neutres, quand on n'admet pas la liberté de leur pavillon, impliquait le droit de visite. Le traité d'Utrecht avait soumis l'exercice de ce droit entre la France et l'Angleterre à des formes assez douces, qui se bornaient à l'exhibition des papiers de bord. Depuis, on était à peu près convenu partout que, lorsque des bâtiments de guerre convoient des navires du commerce, la déclaration du commandant militaire sur l'état de ceux-ci et sur la nature de leur chargement devait être admise et tenir lieu de toute visite ; mais à l'époque des guerres de la révolution, les Anglais exercèrent le droit de visite d'une manière dure et vexatoire, n'admettant pas même la déclaration des chefs militaires. Il est peu de personnes qui ne connaissent l'histoire de la frégate danoise la *Freya*, qui, le 25 juillet 1800, soutint un combat honorable contre des forces supérieures plutôt que de laisser visiter six navires marchands qu'elle escortait. Cet événement fit une très grande sensation et provoqua la seconde neutralité armée du Nord entre la Russie, la Suède et le Danemark, publiée le 27 février 1801. Aux clauses de la déclaration de 1780 on ajouta naturellement celle qui naissait de la circonstance, savoir que « il suffit que l'officier qui commande un ou plusieurs vaisseaux de guerre convoyant des bâtiments marchands déclare que son convoi n'a pas de contrebande, pour qu'il ne s'y fasse aucune visite. »

La seconde neutralité du Nord, à laquelle la Prusse avait accédé, fut mise au néant par la puissance de la flotte anglaise, qui, après une victoire chèrement payée, força le Danemark à s'en détacher, et surtout par la mort terrible et inopinée de l'empereur Paul. Cependant le successeur de ce prince, quelque hâte qu'il eût de se jeter dans les bras de l'Angleterre, ne pouvait avouer qu'il abandonnait purement et simplement la cause des neutres. De là le congrès de Saint-Pétersbourg, où fut signée, le 17 juin 1801, une convention par laquelle les intérêts les plus généraux des neutres étaient consacrés en termes assez vagues, la question du blocus jugée dans un sens qui se prêtait à d'assez complaisantes équivoques sans qu'on y reconnût néanmoins positivement le blocus fictif, mais d'où le grand principe du pavillon couvrant la marchandise était formellement écarté. Quant à la visite, il fut établi qu'elle pouvait avoir lieu même pour des navires convoyés par des bâtiments de guerre, mais que dans ce dernier cas le droit de visite ne pourrait être exercé par des armateurs. Dans le fait, l'empereur Alexandre Ier déserta, dès le début de son règne, les principes que son aïeule et son père avaient si hautement proclamés. Ainsi, comme le dit Schœll avec raison, la Grande-Bretagne, en consentant à quelques modifications exigées par la justice, et en renonçant à la prétention de ce qu'on appelle le *blocus sur le papier*, obtint la reconnaissance de deux principes auxquels elle attachait la plus haute importance, savoir : 1º que le pavillon ne couvre pas la marchandise, 2º que la visite peut se faire sur des bâtiments sous convoi.

La courte paix d'Amiens suspendit un instant la grande affaire des neutres, que le congrès de Saint-Pétersbourg, on vient de le voir, était loin d'avoir réglée d'une manière satisfaisante. À la reprise des hostilités, elle se présenta aussi formidable, aussi difficile que jamais, et un échange de mesures violentes et attentatoires au droit des gens recommença entre la France et l'Angleterre, mais toujours avec le même caractère d'initiative de la part de celle-ci et de représailles de la part de celle-là, représailles quelquefois excessives il est vrai. Je n'ai pas du reste la prétention de donner ici l'histoire du *système continental*, dont l'origine, les développements et les résultats ne sont que trop connus. Je me borne à rappeler que le fameux décret du 21 novembre 1806, dit *décret de Berlin*, qui le constitua, fut provoqué par la déclaration du blocus de tout le littoral compris entre, les bouches de l'Elbe et Brest, et que celui de Milan du 17 décembre 1807, qui mit à la disposition du système une arme terrible, le fut par la mesure qui imposait à tous les neutres chargés pour les ports placés sous la dépendance de la France une station forcée aux îles britanniques, et qui les soumettait à une contribution. Je ne dis rien du décret de Fontainebleau, peu facile à justifier.

Au surplus, quelles qu'aient été les violences accidentelles et provoquées du système continental, qu'on ne perde pas de vue que la France de l'empire pas plus que la France de la république ne prétendait les ériger en principes de droit. Que dit en effet le préambule du décret de Berlin ? Il reproche à l'Angleterre de ne pas admettre le droit des gens accepté universellement par tous les peuples policés, et par suite de faire prisonniers de guerre les équipages des navires de commerce, les négociants et les simples voyageurs, détendre aux bâtiments et marchandises de commerce et aux propriétés particulières le droit de conquête, qui ne peut s'appliquer qu'à ce qui appartient à l'état ennemi, enfin d'étendre à tout un pays des déclarations de blocus. En conséquence, l'empereur des Français annonce qu'il a résolu d'appliquer à l'Angleterre les usages qu'elle a consacrés dans sa législation maritime, attendu qu'il est de droit naturel d'opposer à l'ennemi les armes dont il se sert ; il ajoute que les dispositions du décret auront leur cours jusqu'à ce que l'Angleterre ait reconnu que le droit de guerre est un et le même sur terre et sur mer, qu'il ne peut s'étendre ni aux propriétés privées, ni à la personne des individus étrangers à la profession des armes, et que le droit de blocus doit être restreint aux places fortes réellement investies par des forces suffisantes.

Certainement il y a des erreurs historiques dans ce préambule, mais les principes qu'il proclame sont d'une largeur que la déclaration du 16 avril elle-même, plus pratique et plus acceptable pour tout le monde, n'égale pas, puisqu'elle ne détruit point, au moins explicitement, le droit de capturer les navires marchands ennemis, lorsque ce droit est exercé par des navires de l'état : elle n'ôte ce droit qu'aux corsaires ; n'importe, la réforme est faite, et toutes les conséquences logiques en seront certainement déduites. Le vœu de voir le droit de la guerre reconnu le même sur terre et sur mer, généreusement formulé en 1806, peut être considéré comme accompli en 1856, et si même l'on devait s'en tenir strictement à la lettre des quatre articles de la déclaration du 16 avril, cet acte, dont la France a pris l'honorable initiative, n'en serait pas moins un des titres les plus glorieux de la diplomatie contemporaine, et c'est comme tel qu'on doit le soutenir en face de l'Amérique récalcitrante.

Il nous reste à examiner le caractère de cette résistance des États-Unis à une transaction qui, bien évidemment, ouvre une ère nouvelle au droit international et dépouille l'avenir de la rouille du passé. Il y a quelques mois, une dépêche du ministre des affaires étrangères de l'Union américaine était livrée à la publicité. M. Marcy annonçait, sans trop s'arrêter sur les derniers articles de la déclaration du 16 avril, que le gouvernement américain repoussait formellement le premier, c'est-à-dire celui qui prononce l'abolition de la course. Il ajoutait cependant que « les États-Unis consentiraient à l'abolir, si les puissances voulaient adopter, d'un commun accord, le grand principe de l'inviolabilité de la propriété privée sur mer comme sur terre. » Telle est la contre-proposition de ce gouvernement.

Sans doute le principe invoqué par le ministre américain est des plus respectables. Il a dû rencontrer et il a rencontré en effet de nombreuses sympathies en France. C'est celui que, dans le préambule du décret de Berlin, Napoléon déclarait vouloir faire triompher, et qui ressortira logiquement, tôt ou tard, de la déclaration du 16 avril 1856. Cependant comme en pareille matière il faut ne s'engouer systématiquement de rien, pas même de ce que l'on considère comme vrai et juste, comme il faut au contraire tourner et retourner les questions afin de les examiner sous toutes les faces, voici une observation qui peut expliquer l'espèce de réserve avec laquelle j'ai parlé jusqu'ici de l'inviolabilité de la propriété privée maritime. Qu'est-ce que la guerre ? Une pression douloureuse exercée par un état sur un autre pour en obtenir ce que la persuasion est impuissante à faire accorder. Or il est évident qu'en pillant et brûlant la maison d'un pauvre homme, on n'exerce qu'une pression individuelle dont l'état ennemi ne se ressent pas. On fait donc, en dehors du grand but de la guerre, un mal particulier et gratuit, ce qui est toujours aussi absurde que méchant. Il n'en est pas de même lorsqu'on s'attaque à de grands intérêts collectifs qui, quoique ne se rattachant pas directement à une propriété de l'état ennemi, peuvent cependant, quand ils sont en souffrance, affaiblir son crédit et diminuer ses ressources matérielles. Une armée envahissante arrive dans la capitale d'un pays dont les forces occupent encore les provinces. Dans cette capitale, il y a une banque de circulation. Nul doute que le général qui commande cette armée n'ait le droit de fermer cette banque, pour peu qu'il croie qu'elle peut procurer des fonds à l'ennemi. Cependant cette mesure peut ruiner les actionnaires, qui sont des hommes privés. C'est un malheur, mais qu'y faire ? Le commerce maritime est un de ces grands intérêts collectifs dont l'état ressent immédiatement les souffrances. Par conséquent on peut croire, sans vouloir retourner à la barbarie, que le droit des gens ne saurait, d'une manière absolue, interdire de le frapper. Des théories philanthropiques s'y opposent, il est vrai. Ces théories, je ne les combattrai pas, car je me sens personnellement entraîné vers elles, et j'ai la conviction qu'elles prévaudront un jour. Je n'ai d'autre but ici que d'expliquer en vertu de quels principes l'opinion contraire peut être logiquement et consciencieusement soutenue, et d'indiquer avec quelle prudence et quelle circonspection il faut marcher dans ce sentier de la diplomatie, où l'on vient se heurter à chaque pas contre le *sic* et *non*.

Les Américains ont d'autres errements : ils abordent les questions les plus délicates et les plus sujettes à controverse avec des façons absolues que la plume habile et polie de M. Marcy ne parvient pas toujours à dissimuler. Ils auraient été plus fidèles sans doute à l'esprit qui leur dicta les traités de 1785, de 1799 et 1828, s'ils eussent d'abord accédé aux trois dernière articles de la déclaration du 16 avril, articles contre lesquels ils n'élèvent aucune objection, afin de donner avant tout une preuve de la sincérité de leur désir d'aider la cause de la civilisation et de l'humanité. Ils auraient pu ensuite faire les réserves qu'ils auraient jugées convenables, et provoquer amicalement de nouvelles conférences pour la discussion de leur contre-proposition. Certes ils pouvaient la soutenir par des arguments moins personnels que ceux qu'ils ont employés jusqu'à présent. Ils pouvaient dire que, dans un temps de diffusion commerciale comme le nôtre, les perturbations dans les fortunes, parcourant, ainsi que l'étincelle électrique, un vaste cercle de solidarité, peuvent revenir frapper la main qui les provoque. Une prise faite en mer sur des marchands de France par les Anglais supposés ennemis peut fort bien amener une faillite à Hambourg ou à New-York, et par contre-coup une à Londres même.

Quant à l'accusation d'inconséquence adressée au congrès de Paris, parce que, après avoir aboli la course, il laisse aux marines militaires régulières des belligérants la faculté de capturer les navires de commerce, elle ne nous paraît pas fondée. Il y a en effet une énorme différence entre l'action régulière des navires de l'état agissant en vertu d'instructions précises, commandés par des officiers responsables, et celle de corsaires abandonnés à leur impulsion individuelle, animés par le seul appât de l'or, et pouvant se livrer, presque toujours impunément, aux plus déplorables excès.

Reste l'argument tout américain par lequel M. Marcy croit avoir prouvé que le gouvernement de l'Union -ne pourrait renoncer à la course sans se dépouiller de son seul moyen de défense contre les puissances européennes, attendu qu'il n'entre pas dans les convenances des Américains d'avoir des flottes et des armées permanentes. J'avoue que je vois ici plus de logomachie que de véritable logique. Renoncer à la course ne serait pas renoncer à la faculté de n'avoir que des flottes et des armées temporaires pour les besoins du moment. Que les armées ne soient formées que de volontaires, que les flottes ne se composent que de navires nolisés, dès l'instant qu'elles auront reçu une organisation hiérarchique, qu'elles auront à leur tête des chefs constitués, responsables et en tout dépendants de leur gouvernement, il n'y a pas de puissance européenne qui pût refuser, avec une ombre de raison, de reconnaître en elles une force régulière et nationale devant être traitée comme telle. Supposer le contraire, c'est tout simplement chercher une occasion de déclamer contre les armées permanentes, dont on est sans doute fort heureux de pouvoir se passer, ce qui cependant n'autorise pas les gens qui ont un tel bonheur à faire des applications désobligeantes pour ceux qui ne l'ont pas.

Au surplus, il est certain qu'aujourd'hui la contre-proposition des États-Unis, bien que la forme donne lieu à des objections légitimes, trouve faveur auprès de la plupart des cabinets, et qu'aucun ne lui est manifestement hostile. Aussi ne sommes-nous point surpris de lire dans le dernier message présidentiel qu'aucune puissance ne l'a péremptoirement repoussée, et qu'une d'elles, la Russie, l'a formellement acceptée. Si nous sommes bien informé, il y aurait eu à ce sujet quelque divergence d'opinions dans les conseils du gouvernement français ; mais le débat a été circonscrit sur le terrain où nous le plaçons plus haut, c'est-à-dire sur le terrain vrai d'une discussion grave où l'on cherche sans passion et de bonne foi à s'éclairer. C'est l'avis favorable à la contre-proposition américaine qui aurait prévalu ; seulement on devra régler les cas d'exception que nous avons laissé entrevoir, c'est-à-dire les limites à donner au principe du respect de la propriété privée pour que le droit de la guerre n'en soit pas entravé. Si l'Angleterre et la France sont d'accord sur cette question et veulent marcher du même pas, on peut regarder comme moralement obtenu un grand résultat, l'application sérieuse et complète des nouveaux principes de droit maritime proclamés par le congrès de Paris, augmentée de la contre-proposition des États-Unis d'Amérique, c'est-à-dire d'une clause proclamant le respect de la propriété privée sur mer au même titre et dans les mêmes limites que sur terre. Si le couronnement de cette grande œuvre n'est pas encore un fait matériellement accompli, la faute n'en est point à la France. On ne peut s'en prendre non plus au gouvernement anglais, qui doit naturellement, sur une affaire qui touche à tous les intérêts de l'Angleterre, se rattache à toutes ses traditions, consulter l'opinion publique, et par conséquent donner à celle-ci le temps de se fixer. Or on sait que la question des prises maritimes est fortement controversée chez nos voisins. Bien des gens parmi eux trouvent que l'Angleterre a beaucoup fait, trop peut-être, en consentant à l'abolition de la course, et qu'elle ne doit pas aller jusqu'à abdiquer pour ses navires de guerre le droit de faire des prises sur le commerce des nations qui seraient en guerre avec elle. D'un autre côté, il existe aux États-Unis un parti qui ne considère pas comme suffisante la condition d'où le gouvernement de la république fait dépendre son adhésion au système destructif des corsaires et qui voudrait en outre le renoncement au blocus des ports commerçants. Cette prétention peut amener de nouvelles discussions, de nouvelles lenteurs ; néanmoins les quatre articles de la déclaration du 16 avril, par lesquels sont déjà liées les unes à l'égard des autres les puissances qui ont pris part au congrès de Paris, peuvent être considérés dès à présent comme la base du droit international sur mer, tel que l'ont fait les progrès de la civilisation moderne. En effet, admis généralement par les cabinets secondaires, ils sont, non pas repoussés, mais soumis à une condition qui serait elle-même un nouveau progrès, par une seule puissance. Cette condition, acceptée déjà par la Russie, accueillie avec faveur en France, nous permet d'espérer que si les quatre articles doivent être modifiés, ce sera dans un sens libéral et non dans un esprit de, retour vers un ordre de choses complètement répudié. Il faut donc le répéter en finissant : c'est là un des plus beaux triomphes de la diplomatie contemporaine.

Notes

1.   Voyez les paroles de lord Clarendon dans le protocole XXII du congrès de Paris.

2.   Voyez livre C, chapitre 35 des Statuts de Marseille, souvent cités par M. Pardessus, qui les a publiés en grande partie dans sa collection des lois maritimes avant le XVIIIe siècle.

3.   Selden, le grand adversaire de la liberté des mers, avait, par un contraste qui m'a paru assez piquant, adopté pour devise cette maxime grecque : (grec), la liberté par-dessus tout.

4.   Ces limites avaient été fixées à dix lieues dans nos anciens traités avec les états barbaresques.

5.   Il le fit en mai 1780 et déclara que la Baltique étant une mer fermée, incontestablement telle, par sa situation locale, où toutes les nations peuvent et doivent naviguer en paix, sa majesté danoise ne saurait admettre rentrée de vaisseaux armés dans cette mer pour y commettre des hostilités contre qui que ce soit. — Il y a toutefois dans ce droit de fermer les détroits aux navires de guerre une exception à prévoir. Supposons que la Russie, étant en guerre avec la France et la Prusse, aille attaquer par mer les provinces maritimes de cette dernière puissance : il est clair que le Danemark ne pourrait, sans se déclarer en état d'hostilité, refuser le passage à la France qui voudrait envoyer sa flotte au secours de son allié. On peut supposer un cas analogue pour la Mer-Noire.

6.   D'après le chap. 276 du Consulat de la mer, on pouvait forcer un navire neutre chargé de marchandises appartenant à l'ennemi non-seulement à livrer ces marchandises, mais même à les transporter en lieu de sûreté à la charge de payer le fret.

7.   Ce règlement rendit cependant générale la modification apportée aux anciennes rigueurs par la dérogation exceptionnelle mentionnée au traité de 1716 ; mais il contient, à l'égard des navires de fabrique ennemie devenus propriétés des neutres, des dispositions sévères qui soulèvent des réclamations.

8.   Dans un rapport du 16 mars 1812, adressé à l'empereur et inséré au Moniteur, le duc de Bassano, alors ministre des relations extérieures, avance que les droits maritimes des neutres ont été réglés solennellement par le traité d'Utrecht, devenu la loi commune des nations, loi textuellement renouvelée par tous les traités subséquents. On voit que c'est là une grande erreur : les conventions d'Utrecht n'eurent nullement le caractère général que le duc de Bassano leur prête, puisque la France s'en écarta trois ans

après.

9.   Les objets énoncés sont les munitions de guerre, canons, mortiers, armes à feu, pistolets, tombes, boulets, balles, fusils, pierres à feu, mèches, poudre, salpêtre, soufre, cuirasses, piques, épées, ceinturons, gibernes, selles et brides.

10.   Cette horrible doctrine est textuellement avouée dans une note du 17 juillet 1793 remise par le ministre anglais à Copenhague au comte de Bernstorf, qui y répondit très noblement.

ISBN : 978-1726427166